Colibrini

PAROLE AMICHE

Libro realizzato con criteri accessibili per facilitare la lettura

Progetto grafico di collana: Clara Battello

Testo: Isabella Paglia
Illustrazioni: Andrea Scoppetta

Impaginazione: Clara Battello e Sara Storari
Redazione: Veronica Fantini

www.giunti.it

Via Bolognese, 165 - 50139 Firenze - Italia
Via G. B. Pirelli, 30 - 20124 Milano - Italia

Prima edizione: settembre 2018
Quarta ristampa: maggio 20201

FSC www.fsc.org MISTO Carta da fonti gestite in maniera responsabile FSC® C016466

Stampato presso Lito Terrazzi srl, stabilimento di Iolo

Isabella Paglia

UNO

Illustrazioni di Andrea Scoppetta

GIUNTI

SU UNO SPUNTONE DI ROCCIA APPESA AL CIELO, DA SOLO, SENZA NESSUNO CON CUI FARE AMICIZIA, VIVEVA UNO.

UNO ERA L'ULTIMO SOPRAVVISSUTO DELLA SUA SPECIE.

LA SUA ASTRONAVE, IN ROTTA PER CHISSÀ DOVE, AVEVA AVUTO UN GUASTO E UNO ERA ATTERRATO SUL PRIMO PIANETA A PORTATA DI GALASSIA, PROPRIO IN CIMA ALLA MONTAGNA.

DA ALLORA ERA RIMASTO SOLO E NON SI RICORDAVA PIÙ IL SUO VERO NOME, PERCHÉ "UNO" ERA IL NOME CHE GLI AVEVANO DATO TUTTI.

ERA COSÌ CHE LO CHIAMAVANO OGNI VOLTA CHE PROVAVA A CHIACCHIERARE CON LORO, A GIOCARE CON LORO, A STARE CON LORO.

– SPIACENTI, MA TU NON SEI COME NOI TUTTI. NON SEI DEI NOSTRI. SEI UNO DIVERSO.

UNO SAPEVA DI ESSERE "UNO" PERCHÉ LO DICEVANO TUTTI, ANCHE SE PROVAVA IN TUTTI I MODI A ESSERE COME TUTTI GLI ALTRI, TUTTI I GIORNI...

SALUTAVA CON UN ENORME, GIGANTESCO SORRISO, MENTRE DALL'EMOZIONE IL SUO VISO DIVENTAVA DEI COLORI DELL'ARCOBALENO, DICENDO: 'CIAO, AMICI COME VA?'.

SI VESTIVA CON ABITI SGARGIANTI,

DI TUTTI I COLORI, DI TUTTE

LE STAGIONI, TUTTI ASSIEME.

FACEVA I DISEGNI, TANTI,

CHE ATTACCAVA SULLE PARETI

DI TUTTA LA SCUOLA.

BEVEVA LE BIBITE CON LA CANNUCCIA

DAL NASO.

GIOCAVA A PALLONE A MODO SUO,

FACENDO SEMPRE GOL NELLA RETE

DELLA PROPRIA SQUADRA,

MAI IN QUELLA AVVERSARIA...

INSOMMA, PER QUANTO S'IMPEGNASSE,
TUTTI GLI DICEVANO:

– UNO, MA SEI PROPRIO DIVERSO
DA NOI TUTTI!

COSÌ UNO, TUTTI I GIORNI,
RITORNAVA TRISTE E SCONSOLATO
ALLA SUA ASTRONAVE,
CHE DONDOLAVA AL VENTO, LASSÙ,
SULLO SPERONE DELLA MONTAGNA.

SI PREPARAVA IL TÈ CON CON TRENTA VASSOI DI PASTICCINI, LEGGEVA QUALCHE LIBRO E POI SI METTEVA A DORMIRE, ABBRACCIANDO IL SUO PELUCHE PREFERITO.

FINO ALL'INDOMANI, QUANDO AVREBBE DI NUOVO PROVATO A ESSERE COME TUTTI.

UNA NOTTE, PERÒ, MENTRE

SI STAVA PREPARANDO PER ANDARE

A LETTO, SENTÌ UN FORTE RUMORE

DI FERRAGLIA E UN BOTTO.

USCÌ DI CORSA E VIDE CHE PROPRIO
ACCANTO ALLA SUA ASTRONAVE
NE ERA ATTERRATA UNA PIÙ PICCOLA,
MOLTO MALCONCIA E RUMOROSA.
– OH, MAMMA… CHISSÀ CHI CI SARÀ?

PER LA PAURA SI PRECIPITÒ SOTTO

LE COPERTE, CHIUDENDO BENE

A CHIAVE LA PORTA.

MENTRE TREMAVA, ABBRACCIATO

AL SUO PELUCHE,

SENTÌ BUSSARE ALLA PORTA.

UNO, CHE AVEVA UNA GRAN PAURA
MA ERA ANCHE CURIOSO, DECISE
DI ALZARSI A GUARDARE DALLO
SPIONCINO.

SÌ, C'ERA QUALCOSA O MEGLIO...

...QUALCUNO!

ERA LA CREATURA PIÙ BIZZARRA CHE AVESSE MAI VISTO, CON TANTE LUCETTE CHE SI ACCENDEVANO E SPEGNEVANO A INTERMITTENZA.

SICURAMENTE ARRIVAVA
DA UNA GALASSIA ANCORA
PIÙ LONTANA DELLA SUA.
UNO SOCCHIUSE LA PORTA.

– CIAO, AMICO! MI CHIAMO QUALCUNO, PIACERE DI CONOSCERTI. POSSO ENTRARE? SONO PROPRIO STANCO E AFFAMATO – DISSE LO STRANO ESSERE, ALLUNGANDO LE ZAMPE, CHE FORSE ERANO PINNE OPPURE ALI SQUAMOSE…

– NEANCHE PER SOGNO! – URLÒ SPAVENTATO UNO, CHIUDENDO IN FRETTA LA PORTA.

"BRRR... È LA CREATURA PIÙ DIVERSA
E STRAVAGANTE CHE ABBIA MAI
INCONTRATO!" PENSÒ UNO,
DA SOTTO LE COPERTE, STRETTO
AL SUO PELUCHE.

QUEL "BRRR" ERA DOVUTO UN PO' ALLA PAURA, MA SOPRATTUTTO AL FREDDO. SOFFIAVA INFATTI UN FORTE VENTO DI TRAMONTANA CHE FACEVA DONDOLARE LA SUA ASTRONAVE E QUELLA DEL NUOVO ALIENO COME DUE ALTALENE DEL PARCO.

DI LÌ A POCO SAREBBE SCOPPIATA UNA TREMENDA TEMPESTA DI NEVE. FUORI, IL VENTO ULULAVA, MENTRE DENTRO LA TESTA DI UNO, ANCHE SE BEN COPERTA DAL CUSCINO, UNA PAROLA CONTINUAVA A RIECHEGGIARE: “AMICO”.

IL PICCOLO BUFFO ALIENO LO AVEVA CHIAMATO PROPRIO COSÌ. TUTTI LO CHIAMAVANO "UNO". NESSUNO LO AVEVA CHIAMATO MAI "AMICO"...
SI RICORDÒ DEL FREDDO CHE SENTIVA DENTRO, OGNI VOLTA CHE TUTTI LO EVITAVANO.

A UNO SCESE UN LACRIMONE E POI FU LUI A SCENDERE DAL LETTO, DI CORSA, PER APRIRE AL SUO NUOVO AMICO.

– ASPETTA. RIMANI, NON ANDARTENE!
NON SEI COME ME, MA SEI QUALCUNO.
SE TI FA PIACERE, PUOI RIMANERE QUI
PER QUESTA NOTTE. FORZA, ENTRA!
NON VORRAI MICA CONGELARE?
– GRAZIE, GRAZIE! – DISSE QUALCUNO. –
LA MIA ASTRONAVE È VOLATA VIA
CON IL VENTO.

UNO AFFERRÒ LA ZAMPA-PINNA-ALA DI QUALCUNO E, ABBRACCIANDOLO STRETTO, LO ACCOLSE NELLA SUA CASA.

– SEI TANTO DIVERSO E BUFFO, QUALCUNO, MA HAI UN CUORE CHE BATTE PROPRIO COME IL MIO!

DA QUEL GIORNO UNO EBBE QUALCUNO

DI CUI ESSERE AMICO.

DIVENNERO DAVVERO AMICI

PER LA PELLE, PER LE PINNE E LE ALI

TUTTE ASSIEME.

UNO E QUALCUNO SALUTAVANO CON UN ENORME, GIGANTESCO SORRISO, MENTRE DALL'EMOZIONE I LORO VISI DIVENTAVANO DEI COLORI DELL'ARCOBALENO, DICENDO: 'CIAO, AMICI COME VA?'.

SI VESTIVANO CON ABITI SGARGIANTI,

DI TUTTI I COLORI, DI TUTTE

LE STAGIONI, TUTTI ASSIEME.

FACEVANO I DISEGNI, TANTI,

CHE ATTACCAVANO SULLE PARETI

DI TUTTA LA CITTÀ.

BEVEVANO LE BIBITE

CON LA CANNUCCIA

DAL NASO.

GIOCAVANO A PALLONE A MODO LORO,
FACENDO SEMPRE GOL NELLA RETE
DELLA PROPRIA SQUADRA,
MAI IN QUELLA AVVERSARIA...

RIDEVANO COME MATTI PERCHÉ

INSIEME SI DIVERTIVANO DA MATTI.

TUTTI INIZIARONO A GUARDARLI

IN MODO DIVERSO:

– UNO E QUALCUNO NON SONO

UGUALI, MA VANNO D'ACCORDO E

SONO PROPRIO AMICI. CHE FORZA!

PIANO PIANO L'ASTRONAVE COMINCIÒ A ESSERE UN PO' STRETTA, MA MOLTO PIÙ FELICE.

TUTTI INIZIARONO A FARE VISITA A UNO, PORTANDO CHI UN SORRISO, CHI DEI LACCI DA SCARPE ANNODATI, CHI UN PALLONE BUCATO, UN DOLCETTO BRUCIACCHIATO, UNA SUPER CANNUCCIA ROTANTE O UN ABBRACCIO.

TUTTI DONI DIVERSI.
PERCHÉ OGNUNO DEI TUTTI
ERA UNICO E STRAORDINARIO,
COME UNO E QUALCUNO.
E NESSUNO AVEVA PIÙ PAURA DI FARE
COSE DIVERSE, COME UNA GIRAVOLTA
IN ARIA, GRIDARE A SQUARCIAGOLA,
DIPINGERSI DI COLORI, SALTARE
NELLE POZZANGHERE O SBAGLIARE
UN TIRO IN PORTA.

QUANDO IN UNA NOTTE GELIDA
QUALCUNO SCESO DA UNA
NAVICELLA BUSSAVA ALLA PORTA
DELL'ASTRONAVE CHE SI TROVAVA
LASSÙ, SU UNO SPUNTONE DI ROCCIA
APPESA AL CIELO,

NON DISSERO MAI CHE NON POTEVA

STARE LÌ PERCHÉ NON ERA

IL SUO POSTO O ERA UNA CREATURA

DIVERSA DA LORO…

MA AGGIUNGEVANO UN LETTINO,

UN PELUCHE, UNA TAZZA DI TÈ,

TRENTA VASSOI DI PASTICCINI.

STRINGENDOSI UN PO',

PER FARGLI SPAZIO, DICEVANO:

– SU, RACCONTACI DI TE…

...AMICO!

Colibrini

IN MAIUSCOLO

Isabella Paglia
UNO

Mario Lodi
PAURA DELLA NOTTE

Cristina Petit
LA SIGNORA BIGNÉ

Gina Lagorio
SCHITIMIRO E MAMMA NASELLA

Paola Zannoner
LA RUBAMAMMA

Roberto Morgese
MUTO COME UN PESCE

Irene Biemmi
LA BICICLETTA ROSA

Barbara Pumhoesel
UN CINGHIALE IN ASCENSORE

IN CAMMINO

Silvia Roncaglia
LA PRINCIPERSA

Bruno Tognolini
GUANCE CILIEGINE

Alice Keller
NEL PAESE DI SESTO MALANNI

Sivia Vecchini
GUGLIELMO È NEI GUAI!

Anna Sarfatti
LA GARA DI MACISTE

Elisa Mazzoli
SALTO DOPO SALTO

Annalisa Strada
TRE ZAMPE

Lodovica Cima
IL VIAGGIO SEGRETO DEL PICCOLO UOMONERO